1 MONTH OF
FREE
READING

at
www.ForgottenBooks.com

By purchasing this book you are eligible for one month membership to ForgottenBooks.com, giving you unlimited access to our entire collection of over 700,000 titles via our web site and mobile apps.

To claim your free month visit:
www.forgottenbooks.com/free1247582

ISBN 978-0-332-76996-7
PIBN 11247582

UN GALLEGO EN MADRID

(Visita de XAN PEISANO
al Presidente del Consejo)

FANTASÍA HUMORÍSTICO-REGIONALISTA

ORIGINAL DE

ALFREDO NAN DE ALLARIZ

Estrenada en el TEATRO MARTI, de la Habana, el día 16 de
diciembre de 1916, y representada con extraordinario éxito en
diversos teatros de Cuba y Méjico.

MADRID
SUCESORES DE R. VELASCO, MARQUÉS DE MONASTERIO, 3
Teléfono 30-85 M.
1923

PERSONAJES

AURORA.......................	Srta. Terradas.
DOÑA LEONARDA..............	Sra. Blanch.
TERESA	Srta. Vivero.
XAN PEISANO..................	Sr. Allariz.
EL PRESIDENTE DEL CONSEJO.	" Villarreal.
MANOLITO, secretario..........	' Uribe.
GERARDO......................	" Pascual.
ESTEBAN......................	" Miranda.

La acción en Madrid.

ACTO ÚNICO

(AURORA, primorosa chiquilla de diez y siete rosados abriles, está asomada al balcón haciéndose señas con su novio, sorprendiéndola en tan grata ocupación la mamá, DOÑA LEONARDA.)

LEONAR. ¡Muy bien! *(Reprendiéndola.)*

AURORA ¡Ay! *(Asustada.)*

LEONAR. Es decir, que tú no escarmientas.

AURORA Pero mamá...

LEONAR. Ya sabes que ni tu padre ni yo estamos conformes con esos amores, que no debemos consentir.

(Aparece el PRESIDENTE por la derecha.)

PRESID. ¿Qué ocurre?

LEONAR. Nada; cosas de esta simplona, que no cesa de hablarse por señas con ese chisgarabís.

PRESID. ¿Pero todavía insiste?...

AURORA Porque le quiero.

LEONAR. Valiente proporción para la hija de todo un presidente del Consejo de Ministros.

AURORA Es un muchacho bueno e inteligente; un estudiante aplicado, que hará carrera, y eso me parece bastante.

PRESID. Pues yo no soy de esa opinión y quiero para mi hija algo más provechoso.

LEONAR. ¿Por qué no aceptas al otro pretendiente?

AURORA Porque no me agradan los asnos disfrazados con chaquet.

LEONAR. Es una de las fortunas más grandes de Guadalajara.

PRESID. Y con mi protección, hará carrera en la política.

AURORA Si es muy bruto.

PRESID. En cuanto os caséis, lo nombro alcalde.

AURORA No me conviene.

LEONAR. Ni a nosotros lo tuyo. Y basta de réplicas. Adentro.

(Vase Aurora primera derecha. El Presidente hace sonar el timbre que habrá sobre la mesa. Aparece en seguida MANOLITO por la segunda derecha.)

PRESID. ¿Llevaron ya la correspondencia?

MANOLO Acabo de enviarla por el ordenanza.

LEONAR. ¿Vas a salir?

PRESID. No; espero a un individuo que llegó de Galicia para celebrar conmigo una entrevista.

LEONAR. ¿Algún amigo tuyo?

PRESID. Ni lo conozco siquiera.

MANOLO A lo que parece, se trata de un político regional, de oposición al Gobierno y con sus ribetes de rebelde; pero que debe tener en aquellas tierras bastante arraigo e influencia cuando nuestros correligionarios tanto le temen.

PRESID. ¡Ya lo creo! Todos mis amigos políticos de aquella región me escribieron recomendándomelo mucho al anunciarme su visita. Me advierten que es un hombre peligroso, con el cual las imposiciones y violencias podrían ser fatales; pero que con engaños y promesas se le puede reducir fácilmente.

MANOLO Por cierto que su nombre es de lo más extraño y original.

LEONAR. ¿Cómo se llama?

PRESID. "Xan Peisano".

LEONAR. ¡Qué raro! Algún aldeanote rústico.

MANOLO Ya me parece verle entrar por ahí con sus pesados zuecos, la típica montera y el enorme paraguas rojo debajo del brazo.

LEONAR. ¿Y lo vas a recibir aquí?

PRESID. Me ha parecido más conveniente recibirlo en mi casa particular que en el despacho de la Presidencia.

LEONAR.	Va a alborotar todo esto.
	(Sale TERESA por el foro con una tarjeta, que entrega al Presidente.)
TERESA	Este señor pregunta por su excelencia.
PRESID.	Ahí está nuestro hombre. Que pase. (Vase Teresa.)
LEONAR.	Y que se quite los zuecos para entrar.
MANOLO	Y que deje el paraguas en el perchero.
PRESID.	En fin, preparémonos al sacrificio.
	(Aparece en el foro XAN PEISANO, correctamente vestido de frac, tipo elegante y simpático.)
XAN	¿Se puede?
PRESID.	Adelante. ¿Usted es?... (Con signos de extrañeza, de la que también dan muestras Doña Leonarda y Manolo.)
XAN	El mismo. El que su excelencia espera; el anunciado. Vamos; veo impresa en todos los rostros la señal del asombro. Mi presencia ha producido sorpresa; tal vez una desilusión, un desengaño...
PRESID.	¡Oh, no!...
XAN	Me lo figuro. Estaban preparados para ver entrar por esa puerta al clásico pretucio, con pesados zuecos, la típica montera y el enorme paraguas rojo debajo del brazo. De ahí el asombro de todos al encontrarse con un caballero correctamente vestido de frac y que no llega hablando en el dulce idioma gallego, sino en puro y neto castellano.
TODOS	¡Oh, no!
XAN	Si esta visita la hubiese hecho por la mañana, vestiría el chaquet a la francesa; si hubiera sido por la tarde, lo haría con levita a la inglesa; pero como al prepararme para venir ya estaba anocheciendo, creí lo más indicado el frac.
TODOS	¡Muy bien!
XAN	Además, es probable que al salir de aquí se me ocurra ir al Casino o a la Gran Peña a jugar una partida de ajedrez, o tranquilamente... a verlas venir.
PRESID.	Los juegos de azar no están permitidos.
XAN	Pero se juega descaradamente en toda España.
PRESID.	Las leyes lo prohiben.
XAN	Pero se hace la vista gorda; para eso son las leyes. Y si algún ciudadano, por dignidad o despecho, hace la denuncia de determinado garito, más o menos aristocrático, las autoridades se ponen en movimiento

dando órdenes a la Policía para que proceda a la sorpresa; pero como antes se tiene la precaución de hacer funcionar el teléfono, resulta que cuando los agentes de la justicia llegan al lugar indicado... allí no ocurre absolutamente nada. Y, entre tanto, algunas autoridades pasean su distinguida humanidad en lujoso automóvil y fumando ricos vegueros, placeres y lujos que, según malas lenguas, se pagan con parte del dinero que muchos puntos incautos tienen la desgracia de dejar sobre el tapete verde apuntando a una sota o a un rey.

PRESID. ¡Hombre, por Dios!...

XAN Dispensen mi franqueza; si soy indiscreto, pido perdón.

PRESID. Nada de eso. *(Presentando.)* Mi esposa... Mi secretario particular...

XAN — Tanto gusto. *(A Manolo.)* Saludo al futuro presidente del Consejo.

MANOLO Soy un simple secretario particular.

XAN Por ahí se empieza.

LEONAR. Con su permiso... *(Indicando el mutis.)*

XAN A los pies de usted, señora.

LEONAR. Es muy simpático... *(Haciendo mutis primera derecha.)*

PRESID. Tome usted asiento.

XAN Mil gracias. *(Se sientan los tres.)*

PRESID. Pues, correspondiendo a su franqueza, que me agrada, confieso que al verle a usted he sufrido...

XAN Una decepción; ya me lo suponía. Dado el completo desconocimiento que se tiene de Galicia y de sus hombres...

PRESID. Nada de eso; todos sabemos que Galicia ha producido figuras eminentes.

XAN Sí; pero aparte de esos nombres que, en alas de la fama, han traspasado las fronteras de la pequeña patria, y aun de la patria grande, la generalidad de las gentes no conciben al gallego más que guiando el arado en su tierra o con la cuba del agua al hombro en Madrid. Pero no es así en lo absoluto. La moderna civilización ha llegado también hasta nosotros.

PRESID. Gracias a las vías de comunicación que los unen con la capital española.

XAN No, señor. Con el deplorable sistema de gobierno establecido y las ambiciones e intereses encontrados de los políticos al uso, el tren del Progreso, que de aquí parte, se atasca con mucha frecuencia entre las dos simples paralelas de hierro. Afortunadamente, Dios, más generoso y humanitario que los gobiernos españoles, nos ha favorecido con unas vías más amplias, que se extienden a todos los confines: mares inmensos y puertos magníficos, constantemente visitados por las naves de todos los países del Globo.

PRESID. Habla usted con entusiasmo.

XAN Lo cierto. La generalidad de los españoles de tierra adentro no tienen la menor noción de aquel tesoro con que nos regaló la pródiga Naturaleza. Pero cuando quiera su excelencia tener datos exactos y minuciosos de la importancia y valía de los puertos gallegos, no tiene más que pedírselos a Inglaterra.

PRESID. Esa observación me parece grave e indiscreta.

XAN Perdone su excelencia; yo soy franco y sincero. Mi voz no es la de un hombre, es la de un pueblo. Mi nombre indica que soy algo más que un simple individuo; soy lo que pudiéramos calificar de... *un hombre representativo.* Me llaman Xan Peisano, lo que traducido al castellano quiere decir Juan del Pueblo, o Juan Español, reducido por obra y gracia de ustedes, los malos gobernantes, a la triste condición de un Juan Lanas.

PRESID. Señor mío...

XAN Le ruego que no se exalte y haga acopio de paciencia para escuchar de mis labios todo lo que vengo dispuesto a decirle.

PRESID. ¿Más todavía?

XAN Por ahora no hice más que empezar, y hoy traigo la lengua muy expedita.

MANOLO Este hombre es de cuidado; piense usted en las recomendaciones que de allá le han hecho. *(Aparte al Presidente.)*

XAN Eso es. Un buen secretario particular debe estar en todo.

MANOLO Si no he dicho nada.

XAN Me lo figuro. Prosigo. Los jefes locales de la política en mi tierra, al saber que yo venía a la corte a exponer mis deseos, se apresuraron a recomendarme a su excelencia.

PRESID. Por afecto a su persona.

Xan	O por miedo a mi poder, que no es lo mismo.
Presid.	¿Y usted viene?...
Xan	De Galicia.
Presid.	¿De qué población?
Xan	De todas. Ya he dicho antes que, aunque en apariencia sea un hombre de carne y hueso, soy, esencialmente, una aspiración, algo que pertenece a la región entéra. Si a su excelencia se le ocurre algún día darsé un paseíto por Galicia para conocerla, y que, dicho sea de pasada, no le pesaría, porque podrá conocer el rincón más bello del mundo...
Presid.	Orgullo patriótico es eso.
Xan	Realidad indiscutible. Pues si a su excelencia se le ocurriera ir algún día por allá, podría encontrarse conmigo en todas partes y en todos los lugares: en la cátedra enseñando a la juventud o en el campo cultivando la tierra; en el laboratorio dedicado a investigaciones científicas o en la herrería forjando el hierro; en el Ateneo pronunciando una conferencia literaria o detrás de un mostrador haciendo comercio.
Manolo	Eso es asombroso.
Presid.	Usted lo es todo.
Xan	Todo eso soy: el hombre de ciencia y el obrero, el intelectual y el agricultor, el que alienta en su pecho una esperanza y lleva en el cerebro una idea; soy la aspiración ardiente de todos los buenos hijos de Galicia, que claman por ver a su patria feliz y regenerada.
Presid.	Noble aspiración de todo patriota.
Xan	Pero ustedes la hacen imposible.
Presid.	¿Por qué?
Xan	Porque son unos pésimos gobernantes.
Presid.	Señor mío...
Xan	Si a diario les digo esto en los mítines y periódicos, no hay que extrañarse de que se lo diga a usted aquí personalmente.
Presid.	Es de alabar la franqueza.
Xan	Perdóneme. Yo soy algo demócrata, y, sin darme cuenta, le apeo el tratamiento. Si su excelencia me lo permite, ya que la entrevista es extraoficial, lo trataré simplemente de usted.
Presid.	Y hasta de tú, si le gusta más.
Xan	No; dispense. Si libertad no significa libertinaje, democracia no puede significar mala

educación. El excelencia, en este caso especial, me parece demasiado ceremonioso, mientras que él usted lo juzgo bastante respetuoso.

PRESID. No he querido ofenderle...

(Aparece ESTEBAN por la segunda derecha.)

ESTEBAN Con permiso de su excelencia.

PRESID. ¿Qué ocurre?

ESTEBAN El administrador de la finca de Toledo escribe pidiendo órdenes sobre lo que se ha de sembrar este año en las tierras bajas.

PRESID. Lo de todos los años, trigo, que es lo único que producen esas tierras.

ESTEBAN También pregunta que qué clase de árboles se han de plantar en el monte donde se talaron los robles.

PRESID. Pues robles otra vez; eso no se pregunta. *(A Manolo.)* Escríbale usted ordenándole que haga la siembra con trigo y el replanteo con robles.

MANOLO Muy bien. *(Vanse Manolo y Esteban por la derecha.)*

PRESID. Usted dispensará...

XAN No hay de qué.

PRESID. Prosigamos con su... vapuleo. ¿Qué desea usted de mí como jefe del Gobierno?

XAN Lo expondré en pocas palabras y sin rodeos. No pretenderé entretener ni molestar a usted con disquisiciones históricas sobre lo que ha sido mi tierra en pasados y venturosos tiempos, cuando *la gobernaban* sus hijos, hasta llegar a los actuales y calamitosos días en que *la desgobiernan* ustedes.

PRESID. Hombre...

XAN Perdón; ahora estoy yo en el uso de la palabra. El estado de cosas allí establecido, políticamente, no es posible que se prolongue de modo indefinido; y antes de que el enojo estalle y los espíritus se subleven, lo más prudente es que la razón se imponga, que la justicia impere, y, obrando con cordura, se aplique remedio al mal.

PRESID. No entiendo...

XAN Como siempre. Ustedes nunca entienden... lo que no les conviene.

PRESID. ¿Están ustedes mal gobernados?

XAN Muy mal.

PRESID. España entera lo estaría.

XAN Y lo está.

PRESID.	Porque se gobierna con leyes, y las leyes son iguales para toda la nación.
XAN	Ese es el error. Si España la constituyen regiones de muy diversa índole etnográfica y social, es un disparate quererlas gobernar con una ley uniforme para todas. Las leyes deben hacerse y aplicarse en armonía con la contextura étnica de cada pueblo, teniendo en cuenta sus elementos de vida, su producción, sus costumbres, usos y todo aquello que ustedes no se toman la molestia de estudiar.
PRESID.	Las demás regiones también se quejarían.
XAN	Ya se quejan.
PRESID.	Y reclamarían.
XAN	¡Que reclamen! Y harán muy bien. Pero yo en eso no me meto. A mí me basta con pedir lo mío; los intereses ajenos los respeto.
PRESID.	¿Y ustedes qué pretenden?
XAN	Poca cosa; que se nos permita también a nosotros gobernar lo que nos pertenece.
PRESID.	¿Y quién lo impide? ¿No hay acaso muchos gobernantes gallegos? Precisamente, a ese cargo injusto puedo contestar diciéndole que hoy mismo he nombrado gobernador de Sevilla a un paisano de usted.
XAN	Mal hecho. A esa provincia debe enviarse un andaluz. Porque, ¿qué conocimientos puede tener mi paisano de los andaluces y de Andalucía? No hará allí más que disparates. Acostumbrado a oír en Galicia la muiñeira en la gaita, en cuanto le toquen los sevillanos unas soleares en la guitarra se vuelve loco.
PRESID.	Usted tiene para todo una ironía que aplicar.
XAN	Una verdad, que no es lo mismo. En cambio acaba usted de mandarnos a las cuatro provincias gallegas a cuatro gobernadores que resultarán cuatro aplastantes calamidades. Cuatro pobres señores, de apellidos muy raros, que ni nosotros sabemos de dónde salen, ni ellos saben dónde entran. Y si unos y otros nos desconocemos y nos miramos mutuamente con recelo, ¿qué medidas de buen gobierno pueden tomar?
PRESID.	Llevan instrucciones.
XAN	Las del látigo y la mordaza; la imposición violenta o el engaño; el ultraje o el desdén. Y así anda ello.

PRESID. Entonces, ¿qué es lo que quieren ustedes?

XAN Que se nos permita, por lo menos, inter-
venir en el arreglo de nuestra hacienda.
Nadie puede gobernar su casa mejor que
sus verdaderos dueños; pero ustedes se
nos han metido puertas adentro, y con un
desconocimiento lamentable de las cosas,
todo lo trastornan y aniquilan.

PRESID. Políticos de altura tienen ustedes que pueden velar por sus intereses.

XAN ¿Esos? Ni nombrarlos siquiera. No hay
peor cuña que la del mismo palo. El interés político es una cosa y el interés patrio
es otra. Debiera ser lo mismo; pero no
lo es.

PRESID. No comprendo...

XAN Que nuestros políticos, esos que para en-
cumbrarse o medrar han *pactado* con el
Gobierno central, son—con escasas y hon-
rosas excepciones—los peores lobos carni-
ceros que con más hambre hincan el diente
en la pobre oveja indefensa.

PRESID. ¿Y los jefes de la política local en sus pue-
blos?

XAN No hablemos. Así como Dios hizo al hombre a su imagen y semejanza, ustedes, los
que desde aquí gobiernan, han moldeado a
los caciques a su gusto y capricho.

PRESID. Es usted incomprensible.

XAN Mire usted: Jesucristo, el divino maestro,
tuvo entre sus amados discípulos un trai-
dor, Judas Iscariote, que lo vendió por
treinta dineros. Poco después, el hombre,
acosado por los remordimientos, se ahorcó,
colgándose de un árbol; pero al morir, des-
graciadamente, había ya dejado prole. Desde entonces la estirpe de los Judas se ha
reproducido fabulosamente, extendiéndose
por toda la haz de la tierra.

PRESID. Eso quiere decir...

XAN Que los Iscariotes abundan en todos los
países. Pero nuestros actuales Judas, más
previsores, por temor a no encontrar árbol
a su gusto de que ahorcarse, no quieren
pensar en remordimientos por sus traicio-
nes a la patria.

PRESID. Lo escucho con asombro.

XAN En suma. Para terminar. La mala admi-
nistración y el mal gobierno que de aquello se hace están arruinando el país y fo-
mentando la miseria. La emigración se ex-

        tiende, las aldeas se despueblan, y país que
se despuebla, perece irremisiblemente.

Presid. Leyes hay que restringen la emigración.

Xan Esas leyes de restricción son ineficaces.
Las útiles, las necesarias, las indispensables, son otras: las de protección al trabajo, a la Agricultura y a la Industria; de
redención de foros, abolición de señoríos,
y todas aquellas que den impulso al común
esfuerzo y encaucen la prosperidad del
país. ¡Créame usted! aquello no puede seguir así, y hay que ponerle remedio.

Presid. ¿Cómo?

Xan Muy fácil: con buen sentido y recta voluntad, basta. Haciendo que el sufragio sea
legal y efectivo, y no una farsa, para que
nuestros ayuntamientos y diputaciones dejen de ser guaridas de zorros y sean lugar
de reunión de las personas honradas; que
se llegue a lo que un ilustre político deseaba: al descuaje del funesto caciquismo;
que no se nos impongan, para representarnos en Cortes, a gentes extrañas, que
desconocen y no aman el país, y que, en
la mayoría de los casos, ni aun por cortesía, visitan sus distritos; que nuestros
hombres puedan representarnos y gobernarnos; que se nos conceda lo que constante e inútilmente venimos pidiendo como una necesidad imperiosa: vías de comunicación, ferrocarriles, caminos, carreteras; que se abran las escuelas necesarias
y no se pongan obstáculos a las que nuestros emigrados sostienen con su dinero;
que se alivie de gravámenes a nuestras
clases trabajadoras; y de ese modo, bien
atendido y honradamente administrado
nuestro patrimonio, el país entrará en una
era de engrandecimiento y prosperidad, y
nuestras pobres gentes, teniendo en su patria pan y tranquilidad con que matar el
hambre material y espiritual, no se verán
obligadas a huir, dejándose aquí el alma,
para lanzarse como autómatas en dolorosa
peregrinación mundo adelante.

Presid. Desear el engrandecimiento de una región
determinada, me parece, por su parte, algo
de egoísmo.

Xan No, señor; es patriotismo. Cuanto más
prósperas y ricas se hagan las regiones
que constituyen la nacionalidad española,

más grande y poderosa y respetable será ante el mundo nuestra gloriosa España.

PRESID. Me complace oír de sus labios esa nota de españolismo.

XAN. No podría expresarme de otro modo, leal y sinceramente.

PRESID. Eso me agrada.

XAN Gracias.

PRESID. Pero el remedio que usted pide para esos males—algo exagerados en su exposición— me parece excesivamente radical.

XAN Es el indispensable.

PRESID. Pues con todos sus argumentos no me convenzo de la necesidad de un cambio de procedimientos en la marcha de los negocios del Estado. Algo haremos; lo que buenamente se pueda...

XAN Sí; promesas... y engaños, como siempre. Pero debo advertirle que por allá ya las gentes se van desengañando y no sufrirán mucho tiempo nuevas burlas.

PRESID. Sí, ya sé que anda soliviantando a los pobres aldeanos con sus prédicas cierto curita...

XAN Amigo entrañable, que amo, y maestro admirable, que reverencio.

PRESID. Pero poco habrán de conseguir.

XAN ¡Quién sabe! La semilla está ya en el surco y el fruto de esa semilla puede ser...

PRESID. ¿Qué?

XAN Paz o Rebelión; lo que ustedes quieran.

PRESID. ¿Rebelión? Ya sabríamos reprimirla con mano dura.

XAN Eso. Con justicia y buen sentido, no; con pólvora y plomo, sí. ¡Tontería!... Querer matar una idea es tan imposible como encerrar la luz del sol en un alfiletero.

PRESID. Si ese caso llegara...

XAN Sobre la sangre de los caídos seguiría flotando siempre la idea.

PRESID. ¿Y qué podrían exigir? ¿Una autonomía?

XAN Siempre sería conveniente.

PRESID. Y hasta la independencia.

XAN Por hoy no aspiramos a tanto, ni en ello pensamos. Pero cualquiera sabe a qué extremos puede ser arrastrado un pueblo oprimido, impulsado por un ideal de redención.

PRESID. A ser un feudo de Inglaterra.

XAN Pudiera ser, y bueno será que usted no lo eche en olvido. Espíritu de conservación es

	el buscar uno su bien; pero, a veces, al pretender huir de un peligro se cae en otro peor.
PRESID.	Se dan casos...
XAN	Pero torpe o mal intencionado será quién, teniendo en ello interés, puede evitar el peligro y deja que se consume la catástrofe.
PRESID.	Me parece usted... admirable.
	(Aparece MANOLO por la derecha.)
MANOLO	Con permiso.
PRESID.	¿Qué ocurre?
MANOLO	El ministro de Hacienda lo espera a usted en su despacho.
XAN	Pues por mí, no lo deje usted. Seguramente traerá un plan de nuevos impuestos, y esquilmar al contribuyente es lo más útil para el Gobierno.
PRESID.	Irónico siempre. (Sonriendo.) Pues con su permiso. Espero que se quedará usted a cenar con nosotros. Deseo tenerlo como huésped de honor; es decir, como dueño y señor de este hogar.
XAN	Mil gracias.
PRESID.	Ante usted declino mi autoridad como jefe de la casa.
XAN	¿Es sincero el ofrecimiento?
PRESID.	Con toda sinceridad. Queda usted investido de amplios poderes para ordenar y disponer.
XAN	Muy agradecido... (Vase Presidente segunda derecha.)
XAN	Ya lo ha oído usted. Desde este momento soy el amo de esta casa.
MANOLO	Muy bien; me agrada. ¿Qué? ¿Lo ha convencido usted?
XAN	Todavía no; pero lo convenceré.
MANOLO	Es usted un hombre admirable.
XAN	¿De veras?
MANOLO	¡Oh!
XAN	Un momento. (Xan toca el timbre.)
MANOLO	¿Desea usted algo?
XAN	Voy a dar comienzo al ejercicio de mi autoridad doméstica.
MANOLO	Usted sabe que puede disponer de mi persona.
XAN	Pues no dejaré de utilizar sus valiosos servicios.
TERESA	(Saliendo.) ¿Llamaban los señores?
XAN	Sí. Traiga usted una botella de cognac y

	dos copas. ¡¡Ah! Y la caja de los puros que fuma el señor Presidente.
TERESA	Pero...
XAN	Traiga usted lo que se le pide. Y sepa que desde este instante soy el jefe de esta casa y que a ustedes sólo les corresponde obedecer y callar. ¿No es así? *(A Manolo.)*
MANOLO	Así es, en efecto.
TERESA	Muy bien; perdone. *(Vase foro.)*
XAN	Siéntese. Vamos a lo nuestro. Con franqueza. Yo tengo un plan, y para hacerlo efectivo me conviene la ayuda de usted. ¿Está dispuesto a prestármela?
MANOLO	Sin vacilación; porque usted es persona que sabrá premiar mis buenos servicios.
XAN	Magnífico. Eso es; un pacto de conveniencias mutuas.
MANOLO	Naturalmente.
XAN	Usted hará carrera, joven; tiene madera de político, instintos de cacique...
MANOLO	¡Oh!...
XAN	Entre nosotros, franqueza. Ya nos conocemos. Pues nada; yo le ayudaré y usted me ayudará, igual que en política. Lo mismo que hace el Presidente con los caciques de mi tierra. Vamos a ver: ¿ha escrito usted la carta para el administrador de la finca de Toledo, ordenándole la siembra de trigo y el replanteo de robles?
MANOLO	Aquí la tengo para enviarla.
XAN	Bueno; pues la va usted a modificar, ordenándole que siembre patatas y que plante castaños.
MANOLO	Pero eso es un disparate. Aquellas tierras no son propias para...
XAN	No importa.
MANOLO	Escribiré otra carta.
XAN	Basta con que tache usted las palabras trigo y robles y en su lugar escriba patatas y castaños.
MANOLO	Muy bien. *(Saca el pliego del sobre y lo corrige.)* *(Vuelve a salir TERESA por el foro con una bandeja, botella, dos copas y una caja de tabacos.)*
TERESA	Aquí tienen ustedes.
XAN	Perfectamente. Oiga usted: ¿a qué hora se cena aquí?
TERESA	Dentro de algunos momentos; a las siete y media.
XAN	Pues desde hoy se cenará a las nueve.

TERESA	Pero...
XAN	He dicho que desde hoy se cenará a las nueve.
TERESA	Muy bien.
XAN	¿Qué hay para cenar esta noche?
TERESA	Sopa tártara, tortilla con *petit pois* y perdices estofadas.
XAN	Pues dígale usted a la cocinera que tire ésa comida inmediatamente; que vaya a la plaza y traiga un ciento de sardinas, y de la tienda de la esquina, dos docenas de chorizos.
TERESA	Pero, señor...
XAN	Que esta noche se cenan aquí chorizos asados; sardinas fritas y patatas salcochadas.
TERESA	¿Pero los señores saben...?
XAN	Usted obedece y calla; aquí no hay más autoridad que la mía. ¿No es así? (*A Manolo.*)
MANOLO	Así es, en efecto.
TERESA	Muy bien.
XAN	Y que haga además unas sopas de leche.
MANOLO	De paso, entregue usted esta carta al mayordomo para que la envíe a su destino.
TERESA	Está bien. (*Vase foro.*)
	(*Sale AURORA de la primera derecha y se dirige a mirar por el balcón.*)
XAN	¿Qué le parece a usted?
MANOLO	Que es usted todo un hombre.
XAN	Ya lo creo. (*Fijándose en Aurora.*) ¿Qué le pasa a usted, señorita? ¿Está usted triste?
AURORA	No, no...
XAN	Ah, vamos. Usted tiene novio y sus papás no se lo permiten.
AURORA	¿Pero usted sabe...?
XAN	La cosa está clara. Cuando yo llegué a esta casa vi en la acera de enfrente a un jovencito, por cierto muy simpático, que miraba tristemente a ese balcón. Ahora sale usted a observar... Pues no hay duda: ese chico es su novio, y el hecho de estar los dos tristes y mustios indica que los papás no admiten esas relaciones.
AURORA	Así es; ellos no quieren, y...
XAN	Ah, pero lo quiero yo, y se casarán ustedes. Yo les protejo. Llame usted a su novio; dígale que suba.
AURORA	Ah, no...
XAN	Lo llamaré yo. (*Va al balcón.*) ¡Chis! ¡Chis! Sí, a usted. Haga el favor de subir. No, no

tenga usted miedo, subá; todo está arreglado. *(Se dirige a la mesa y toca el timbre.)*

AURORA   Pero... ¿y si papá...?

XAN   Usted calle. *(Aparece la CRIADA al foro.)* Conduzca usted aquí a ese joven que mandé subir. *(Vase Criada.)*

MANOLO   Me entusiasma este hombre.

XAN   Ustedes tienen derecho al amor, y serán felices.

(Aparece GERARDO por el foro.)

GERARDO   Con permiso. *(Con algo de timidez.)*

XAN   Adelante, joven. Siéntense ustedes ahí sin cuidado y hablen todo lo que gusten. Yo les protejo.

GERARDO   Muchas gracias. *(Se sientan él y Aurora a un extremo.)*

XAN   ¿Qué le parece a usted? *(A Manolo.)*

MANOLO   Admirable.

(Sale LEONARDA primera derecha y se dirige a la mesa, haciendo sonar el timbre. Al propio tiempo sale el PRESIDENTE de la segunda derecha.)

LEONAR.   ¿Vamos a cenar?

PRESID.   Sí, que tengo que salir. *(Fijándose en Gerardo.)* ¿Cómo, usted aquí? ¿Quién le ha dado permiso?...

XAN   ¡Yo! Como los muchachos se quieren...

PRESID.   Pero a mí no me convienen esos amores.

XAN   ¿No? Perdone usted; yo ignoraba...

(Sale TERESA por el foro.)

LEONAR.   ¿Está dispuesta la cena? *(A Teresa.)*

TERESA   Nos han dado órdenes de que hasta las nueve no se cenaba.

PRESID.   ¿Quién ha dado esa orden?

XAN   ¡Yo!

PRESID.   Aquí acostumbramos a cenar a las siete.

XAN   En mi país, a las nueve; perdone usted, yo ignoraba...

TERESA   Además hubo cambio en el *menú,* pues nos dieron orden de tirar lo preparado y disponer en su lugar chorizos asados, sardinas fritas, patatas salcochadas y sopas de leche.

LEONAR.   ¡Jesús, María y José! ¿Quién dió esa orden?

XAN   ¡Yo!

LEONAR.   Esas comidas no son para nuestro gusto.

XAN   Para el mío, sí; perdone usted, yo ignoraba...

(Llega ESTEBAN con una carta en la mano.)

ESTEBAN Señor: el mayordomo dice que en esta carta se ordena un disparate; que aquellas
tierras y aquel monte no pueden producir
patatas y castaños.

(El Presidente coge la carta y la lee.)

PRESID. ¿Pero quién ha ordenado esto?

XAN ¡Yo!

PRESID. Hombre de Dios, esto es desconocer la naturaleza de las cosas.

XAN Perdone usted, yo ignoraba...

PRESID. ¿Pero a usted quién le manda meterse a
gobernar casa ajena?

XAN ¿Y a ustedes quién les manda hacer lo propio en la nuestra?

PRESID. El caso es distinto.

XAN Además, usted me dijo que aquí yo era el
amo y que podía ordenar y disponer a mi
antojo.

PRESID. ¿Y lo ha tomado al pie de la letra?

XAN Ah, vamos; su ofrecimiento tenía toda la
sinceridad de los ofrecimientos políticos.

PRESID. Pero es que usted no hace más que trastornarlo todo y causar graves perjuicios.

XAN ¿Y por qué? ¿Porque desconozco en absoluto la naturaleza de las cosas, sus costum-
bres, usos y gustos? Pues ese es mi caso,
señor Presidente. Ustedes se han metido a
gobernar aquella casa que les es ajena;
pero como desconocen en absoluto la naturaleza de las cosas y nuestros usos, cos-
tumbres y necesidades, no hacen más que
trastornarlo todo y aniquilarlo todo.

PRESID. Ea, basta. La paciencia tiene sus límites.
Salga usted.

XAN Usted lo ha dicho, y bueno será que no lo
olvide: la paciencia tiene sus límites, y
cuando se agota, se hace... eso: arrojar al
intruso de donde perjudica.

PRESID. Señor mío...

XAN Un poco de calma. Yo, pactando con el ene-
migo *(aludiendo a Manolo)*, alcancé ayuda
para mis planes; acudiendo a la violencia,
impuse mi voluntad y me hice obedecer;
pero como soy razonable, y es justo que
cada cual arregle su casa, no quiero causar
en ésta más perjuicios y me retiro.

PRESID. Hace usted muy bien.

XAN Si ustedes imitaran el ejemplo, sería de
agradecer. No olvide usted que con la ra-

zón por norma, 'la justicia por guía, y de
común acuerdo los unos con los otros, todo
se puede llevar por el buen camino; pero
desoyendo razones y cometiendo injusti-
cias, apoyadas por la violencia, sólo se
consigue la ruina, la destrucción, el caos...
Perdonen la molestia. Buenas noches. *(Sa-
luda y vase por el foro.)*

CAE EL TELÓN

OBRAS DE A. NAN DE ALLARIZ

ZARZUELAS ORIGINALES EN UN ACTO

Los patriotas.—Todas se casan.—Sufragio libre.—La víctima.—Esther.—Confraternidad.—Agencia de matrimonios.—El pescador de coral.—Los zuecos de la Maripepa.—Lucha entre hermanos.—Cantos de libertad.—De todo un poco.—Diviértete y verás.—Postales españolas.—En busca del Quijote.—Y los sueños... sueños son.—Tropas de paso.—Por mi patria y por mi rey.—Los húsares alegres.—Los vagabundos.— También Pepita lo prueba.

COMEDIAS ORIGINALES EN UN ACTO

Luchas del alma.—La viudita.—El caso fatal (gran guiñol).—Sor María.

OPERETAS, ADAPTACIONES DEL ALEMÁN

Aires de primavera.—Juan Segundo.—Vals de amor.— Maniobras de otoño.—El soldado de chocolate.—La Geisha.—Sangre vienesa.—Los tres deseos.—Guerra en tiempo de paz.—La cura de amor.

COMEDIAS, ADAPTACIONES DEL FRANCÉS

En los días del terror, cuatro actos.—Las dos conciencias, cinco actos.—Y cuando habla el corazón, cuatro actos.—Hay que quererlo, tres actos.—En torno al amor, cinco actos.—La casa en orden, del inglés, cuatro actos.

537

Amores de un

6